D1662518

21/03/24

DU BIST MEIN STAR!

WILENA

Txuquinho Marquinho
Gostosinho, rabudinho,
Bamboobaby bumbclt, Rituluzão
do meu coração ♡
Te amo ♡

DU BIST MEINE NUMMER 1!

DU BIST
DER FARBTUPFER
IN DER GRAUEN
MASSE.

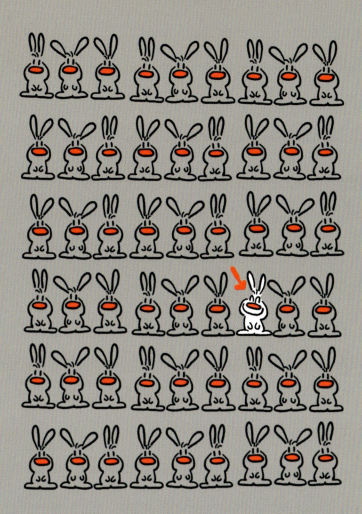

DU BIST
DAS PRICKELN
IN MEINEM
LEBEN.

DU BIST DAS **GRÖSSTE,** WAS MIR JE PASSIERT IST!

DU BIST
DAS GOLDSTÜCK,
MIT DEM
ICH GLÄNZEN
KANN.

DU BIST DER PLATZ, AN DEM ICH MICH WOHLFÜHLE.

DU BIST
DAS TÜPFELCHEN
AUF DEM I!

DU BIST DER BALLON, DER MEINE STIMMUNG HEBT.

DU BIST DIE GUTE LAUNE,

DIE GELADEN WIRD.

DU WÜRZT MEINEN ALLTAG.

DU BIST NICHT NUR DER HAMMER, DU BIST EIN GANZER WERKZEUGKASTEN!

DU BIST
DER KAFFEE,

DER MICH ANREGT.

DU BIST
DAS BLING-BLING
IN MEINEM
LEBEN.

DU BIST MEIN SUPERSTAR, MEIN MITTELPUNKT UND MEIN SONNENSCHEIN.

DU BIST
MEIN
GLÜCKSBRINGER!

DU BIST DAS SAHNEHÄUBCHEN AUF MEINEM KUCHEN.

DU BIST
DIE ANTWORT
AUF ALLE
MEINE FRAGEN.

DU BRINGST
FARBE
IN MEIN LEBEN.

DU BIST DIE STIMMUNGSKANONE, DIE MIR IMMER EIN LÄCHELN AUFS GESICHT ZAUBERT.

DU BIST DIE WELT, UM DIE SICH ALLES DREHT.

DU BIST DIE BESTE MEDIZIN FÜR MICH!

DU BIST
DAS **HEISSESTE**
UNTER DER SONNE
UND
DAS **GELBE**
VOM EI.

DU BIST EINFACH ALLES FÜR MICH!

NIC©ZANDER

Grafik & Text: Alexander Holzach
Lizenzgeber: Licensegateway Ltd., Köln

© Korsch Verlag GmbH & Co. KG, Gilching, Januar 2017
Gestaltung: Barbara Vath
Redaktion: Christine Guggemos
Lithografie: WB Druck Media GmbH, A-Saalfelden
Druck und Bindung: Drukarnia Interak Sp. z o.o., PL-Czarnków
ISBN 978-37827-9431-2

Verlagsverzeichnis schickt gern:
Korsch Verlag GmbH & Co. KG, Postfach 10 80, 82195 Gilching
www.korsch-verlag.de